L'IMPOT

DE

DÉFENSE

PÉTITION

AU SÉNAT ET A LA CHAMBRE DES DÉPUTÉS

Tous les habitants du territoire français doivent contribuer à le défendre :

LES FRANÇAIS VALIDES DE LEUR PERSONNE
(Loi sur le recrutement)

TOUS LES AUTRES DE LEUR BOURSE
(Loi de finance à faire)

Prix : 50 centimes

PARIS

DENTU, LIBRAIRE-ÉDITEUR

GALERIE D'ORLÉANS, PALAIS-ROYAL

1877

L'IMPOT

DE

DÉFENSE

Pétition au Sénat et à la Chambre des Députés

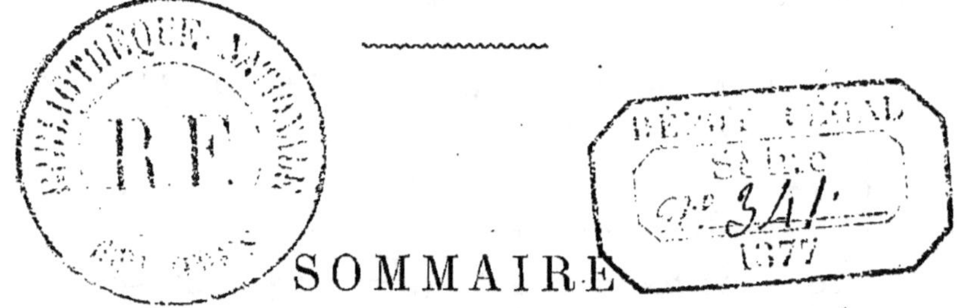

SOMMAIRE

PÉTITION

A MM. les Sénateurs,

Et à MM. les Députés.

MESSIEURS ,

J'ai eu l'honneur de remettre à M. le ministre de la guerre en ljuillet 1875, deux mémoires : le 1er **Sur la création d'un impôt de défense**; le 2e sur **La création d'une Caisse des armées de terre et de mer**.

J'ai demandé la création d'un impôt de défense dans une pétition adressée à l'Assemblée nationale en décembre 1875, sous ce titre : *Une Solution financière, militaire et internationale.*

Dans ce moment où les questions de transformation et de création d'impôts nouveaux sont à l'ordre du jour, je viens de nouveau demander au Sénat et à la Chambre des députés, la création d'un impôt spécial de Défense.

§ 1er

Justification de l'Impôt de Défense

L'impôt de défense serait le plus juste des impôts.

Tous les habitants du territoire français doivent contribuer à le défendre : les Français valides de leur personne (Loi sur le recrutement), tous les autres de leur bourse (Loi de finance à faire et dont nous demandons l'adoption, sous le titre d'*Impôt de défense.*)

Nos soldats, nos sous-officiers et nos officiers paient les impôts directs et indirects comme les autres citoyens. Il est injuste de leur faire supporter seuls, sans compensations, l'impôt du sang, le plus *lourd de tous.* Nous demandons que *ceux qui ne paient pas cet impôt paient au moins un impôt spécial équivalent !*

Loi militaire du Danemark

Il n'y a de nations viriles que celles où tous les habitants sont tenus de concourir à la défense.

La loi militaire du Danemark donne à la France un exemple que nos législateurs auraient dû imiter.

« *Lorsque le territoire est menacé d'invasion, tous les Da-* » *nois valides sans exception, tous les étrangers domiciliés* » *sont tenus de concourir à la défense.*

» Les *ecclésiastiques* exerçant les fonctions de leur ministère » sont seuls exemptés. »

§ 2

Ce que devrait représenter l'Impôt de Défense

L'impôt de défense devrait être la représentation, aussi exacte que possible en espèces, des dangers et des pertes de tous genres auxquels sont assujettis ceux qui servent dans l'armée active, dont sont déchargés ceux qui n'y servent pas.

L'impôt de défense est admis en principe dans le magnifique rapport présenté par M. le marquis de Chasseloup-Laubat, au nom de la commission de réorganisation de l'armée.

Il a été énergiquement réclamé, en 1848-1849, par le général de Lamoricière, et repoussé comme le service obligatoire dont il est la conséquence forcée.

L'impôt de défense a été réclamé et voté par acclamation dans un grand nombre de réunions publiques pendant le siége de Paris.

Il a été appliqué par le gouvernement sous la pression de l'opinion publique sous le nom de **taxe des absents.**

Cet impôt est la conséquence forcée du service personnel obligatoire.

Celui qui ne concourt pas personnellement à la défense commune doit y concourir de sa bourse.

§ 3

Qui devrait l'Impôt de Défense

L'impôt de défense serait dû *par tous les habitants du territoire français, de l'Algérie et des Colonies.*

Il serait dû par les Français valides jusqu'au jour de l'incorporation dans l'armée active ; il redeviendrait exigible le lendemain de la libération.

Le paiement de l'impôt n'empêcherait jamais l'incorporation immédiate dans l'armée active ou dans l'armée territoriale en cas de guerre.

Les célibataires et les veufs sans enfants devraient être imposés au double.

§ 4

Taxe dite d'Exemption du service militaire en Suisse

Le Conseil fédéral suisse a admis en principe que tous les Suisses qui ne servent pas dans les rangs de l'armée active seraient obligés, comme compensation, de payer une taxe dite d'exemption du service militaire, dont la capitation avait été fixée à huit francs par an au minimum sans maximum fixe.

La décision du Conseil fédéral et des Chambres ayant été repoussée à une très faible majorité par le vote populaire, le Conseil fédéral et les Chambres ont modifié leur premier projet en réduisant la capitation à six francs par an au minimum et au maximum de trois mille francs. Ce projet ainsi amendé sera soumis prochainement aux Chambres fédérales.

§ 5

Nécessité de l'Impôt de Défense

L'impôt de défense est indispensable au point de vue financier pour fournir au gouvernement *l'argent*, le *nerf* de la guerre; il ne l'est pas moins au point de vue national : pour resserrer les liens de solidarité qui se détendent, pour ranimer le patriotisme qui s'éteint.

§ 6

Nécessité de l'Impôt de Défense au point de vue financier

L'argent est tout aussi nécessaire que les hommes pour défendre le territoire.

Les engins de guerre sont si nombreux, si perfectionnés et si coûteux, qu'il n'y aura que les nations très riches qui pourront, à l'avenir, se permettre de faire la guerre.

Le Sénat et la Chambre des députés ont le devoir de fournir au gouvernement français toutes les ressources qui lui sont nécessaires pour reconstituer nos frontières ouvertes à l'invasion, le matériel de défense, les approvisionnements et les armements, et pour réaliser dans l'intérêt de tous ceux qui servent dans l'armée active : soldats, sous-officiers et officiers, les améliorations reconnues indispensables pour tirer l'armée d'une situation douloureuse, indigne d'une nation riche comme la France.

Nos soldats ne sont pas payés ; ils sont mal nourris, dans un âge où il serait nécessaire qu'ils le fussent très-bien.

La solde de nos sous-officiers est dérisoire; leur situation morale est déplorable. Ce sont cependant les bons sous-officiers qui constituent les bonnes armées.

Dans le pays qui alimente le monde de ses vins, nos soldats et nos sous-officiers ne peuvent pas en boire. On rougit de honte pour la France, quand on compare la situation des soldats et des sous-officiers anglais avec celle des nôtres.

Quant aux officiers français, ils sont les plus mal payés de l'Europe. Un capitaine français touche 3,200 francs, tandis qu'un capitaine prussien reçoit plus de 5,000 francs et un capitaine suédois 6,000 francs.

§ 7

Nécessité de l'Impôt de Défense au point de vue national

L'impôt de défense n'est que l'application des principes de solidarité qui doivent unir tous les individus d'une même nation, tous les habitants d'un même territoire.

Sans la solidarité on peut bien faire une agglomération d'individus, mais on ne peut pas constituer une nationalité vivace.

L'Impôt de défense est nécessaire pour rappeler à tous : *A ceux qui l'ignorent, comme à ceux qui l'oublient,* que **le Français doit à la défense de son pays le sacrifice de tous ses biens et de sa vie.** Nous vous demandons, messieurs, de décréter que cette obligation soit inscrite dans toutes les mairies et sur tous les monuments publics.

§ 8

Vices des lois d'exonération

Les lois de remplacement et d'exonération qui avaient permis aux Français valides de se désintéresser à prix d'argent de la défense commune, étaient des lois démoralisatrices et antipatriotiques; elles ne pouvaient produire que ce qu'elles ont produit : l'abaissement des caractères, l'oubli des sentiments d'honneur et de patrie, personne ne voulait servir, les défaillances qui se sont manifestées au moment de l'invasion. C'est grâce à ces lois, que j'appelle **lâches,** que la France a pu être écrasée, envahie, et démembrée en 1870.

§ 9

Produit de l'Impôt de Défense

En principe, l'impôt de défense devrait produire beaucoup.

Ainsi que nous l'avons dit déjà, l'impôt de défense devrait être la représentation, aussi exacte que possible en espèces, des dangers et des pertes de tous genres auxquels sont assujettis ceux qui servent dans l'armée active.

L'impôt ainsi appliqué donnerait, on le comprend, un produit considérable qui ne saurait être évalué au-dessous de 500 millions de francs.

§ IO

Base de perception de l'Impôt de Défense

En fait, pour le faire entrer dans nos mœurs, l'impôt de défense pourrait être établi sur des bases beaucoup plus modérées.

Ainsi, par exemple, il pourrait être perçu d'après les contributions de toute nature des imposés, dans la limite d'un maximum et d'un minimum fixés chaque année par la Chambre des députés, suivant les nécessités du Trésor et les prévisions politiques.

L'impôt de défense, établi sur des bases modérées, devrait être calculé de façon à produire cependant une recette annuelle de 100 millions de francs, indispensables au gouvernement pour élever le budget de la guerre en 1878 à 600 millions de francs afin de faire face aux améliorations et aux énormes dépenses de la défense nationale. Le produit de cet impôt serait spécialement affecté aux dépenses de la guerre.

§ 11

Nécessité de rémunérer largement les soldats, sous-officiers et officiers de l'armée active, qui exposent leur vie dans l'intérêt du pays

Les nations ont l'impérieux devoir de rémunérer largement ceux qui se dévouent pour elles ; celles qui ne le font pas sont indignes de vivre ; ce devoir est plus rigoureux encore pour les peuples riches que pour les autres, c'est ce que le peuple et le parlement anglais ont noblement compris.

L'armée française a toujours donné l'exemple de toutes les vertus militaires. Pendant que toutes les classes de la société française, suivant les conseils donnés d'en haut, ne se préoccupaient que de s'enrichir, l'armée française, fièrement retranchée dans sa pauvreté, donnait l'exemple de toutes les abnégations, de tous les dévouements, de tous les sacrifices.

Nous avons vu l'armée humiliée, chassée de Paris par la garde nationale en février 1848, verser son sang à flots dans les journées de juin pour arracher cette même garde nationale à la fureur des émeutiers.

§ 12

Devoir, responsabilité du gouvernement. — Organisation de l'armée-cadre. — Devoir de la Chambre des députés et du Sénat.

Le gouvernement a le devoir de faire de l'armée active le *cadre permanent sur pied de guerre de toutes les forces militaires de la France* (1).

La formation de l'armée-cadre ne serait en résumé que l'application logique des principes posés par la commission de l'Assemblée nationale. La nouvelle armée française devrait être une armée-cadre d'après la commission de la réorganisation de l'armée.

« L'armée doit être non-seulement une force permanente, « puissamment organisée, mais encore une grande école, où « tous les éléments de la nation viennent successivement puiser « l'instruction militaire avant d'entrer dans la vie civique; »

« Et un vaste cadre, dans lequel ces éléments instruits et « d'avance classés selon leur aptitude, viennent se ranger, le « jour où la patrie est menacée dans son indépendance ou dans « sa sécurité intérieure (2). »

Le gouvernement a le devoir de faire passer sous les drapeaux tous les Français valides, ceux du service auxiliaire comme les autres, afin d'apprendre à tous à aimer et à défendre leur *patrie*.

C'est au service militaire obligatoire que la Prusse doit ses succès inouïs, l'esprit de discipline et le vernis de civilisation qu'elle est parvenue à donner aux lourds descendants des *Huns* et des *Vandales*.

Le gouvernement a le devoir de constituer des cadres très-

---

(1) Pétition adressée à l'Assemblée nationale, le 11 septembre 1871, sous ce titre : *L'armée active, cadre de toutes les forces militaires de la France.* — Dumaine, libraire-éditeur.

(2) Extrait du rapport de M. Chasseloup-Laubat, rapporteur de la commission de la réorganisation de l'armée.

Ce rapport résume admirablement les grands principes qui doivent présider à la réorganisation militaire.

nombreux et très-solides, d'étudier, de présenter au vote du Sénat et de la Chambre toutes les mesures nécessaires pour atteindre ce but ; le meilleur moyen est d'améliorer le sort de tous ceux qui composent les cadres, qui se dévouent à l'instruction en temps de paix, à la direction des soldats en temps de guerre.

La responsabilité du gouvernement n'est dégagée que par la présentation et la défense des projets d'amélioration ; leur rejet n'engage que celle de la Chambre et du Sénat.

Ce sera l'éternel honneur de l'Assemblée nationale d'avoir toujours *voté à l'unanimité tout* ce qui lui a été demandé par le ministère de la guerre dans l'intérêt de la défense nationale ou de l'armée. Il est malheureux qu'on ne lui ait pas demandé davantage.

Il est temps de récompenser l'armée de son dévouement et de ses sacrifices, de mettre enfin nos officiers en situation de vivre honorablement et d'élever leurs enfants. La création de l'impôt de défense et de la caisse des armées de terre et de mer proposés en 1875 eussent largement mis le gouvernement à même de faire face à toutes ses obligations.

Il faut donner à ceux qui servent dans l'armée active, qui exposent chaque jour leur vie, la consolation de penser que ceux qui ne partagent pas leurs dangers, contribuent au moins de leur bourse suivant les facultés de chacun : 1° aux charges de la défense commune ; 2° à l'amélioration du sort de ceux qui servent.

Nous ne cesserons de réclamer jusqu'à ce que l'armée française soit la mieux traitée et la mieux payée de l'Europe, comme elle le mérite et comme devrait l'être depuis longtemps l'armée de la nation la plus riche du globe.

Agréez, Messieurs les Sénateurs, et Messieurs les Députés, l'hommage de mon profond respect.

E. DE RAUTLIN DE LA ROY

Avocat près la cour d'Appel de Paris, ex-lieutenant du génie auxiliaire
pendant le siège de Paris

14, RUE DE L'UNIVERSITÉ.

Paris, ce 15 décembre 1876.

PUBLICATIONS DU MÊME AUTEUR

Notes sur le Crédit foncier agricole, la Réforme hypothécaire, la Publicité des contrats de mariage, l'Organisation militaire de la France. (L'auteur était alors secrétaire de M. Benoît Champy, député à l'Assemblée nationale législative). 1848, 1849, 1850, 1851, 1852.

Mémoire sur la nécessité d'organiser des constables civils en France. 1850.

Des Institutions de crédit foncier et agricole dans les divers États de l'Europe, ouvrage publié par M. le ministre de l'Agriculture, sous la direction de M⁰ Josseau, en collaboration. (Imprimerie Nationale 1851.)

HORTICULTURE ET VITICULTURE

Mémoire sur l'enseignement de l'Horticulture dans les écoles primaires. 1861.

Conférences sur la Viticulture et l'Horticulture, faites par l'auteur dans son jardin. École du Pin, aux Instituteurs de l'arrondissement de Meaux. 1863, 1864, 1865.

Multiplication de la Vigne par crossettes écorcées et par yeux. 1863.

Greffe de la Vigne. 1863.

Fécondation artificielle du raisin *gros coulard*. Exposition de Meaux (médaille d'or). 1864.

Expériences comparatives de transplantation d'arbres fruitiers en août, septembre, octobre, novembre, décembre, janvier, février et mars. Rapport à la Société d'Horticulture de Paris. 1865.

Rapports, discours aux expositions de Maux, Troyes, Lagny.

Toast à la Vigne, en réponse au toast du président du banquet de la Société d'Horticulture de Bordeaux. 1865.

Conduite des arbres fruitiers par l'inclinaison des branches et le pincement des bourgeons et des feuilles. 1866.

RÉORGANISATION DE L'ARMÉE

Protestation adressée à l'Assemblée nationale contre la nomination des officiers de la garde nationale à l'élection. (L'auteur était alors officier dans la 5ᵉ légion de Paris). 1851.

Gardes nationales, Milices, Réserves dans les principaux États de l'Europe. 1852.

Des moyens de contenir les classes dangereuses. 1852.

La Nation armée, pétition à l'Assemblée nationale, 15 septembre 1871. Douniol, éditeur.

L'Armée active, cadre de toutes les forces militaires de la France, pétition, Dumaine, éditeur, 25 mai 1872.

L'Armée-cadre danoise, étude sur l'organisation militaire du Danemark. Sagnier, édit. 1873.

Création d'une Caisse des armées de terre et de mer. 1875.

PUBLICATIONS DIVERSES

Port de Paris. 1872.

Banques populaires de la France (*Sous presse*).

Paris. — Imp. Dubuisson et Cⁱᵉ, rue Coq-Héron, 5

Paris. — Imp. Dubuisson et Cᵒ, rue Coq-Héron, 5.